ALPHABET
CHRÉTIEN

A L'USAGE DES ÉCOLES

Tenues par les Religieuses de la Congrégation des Sacrés-Cœurs de Jésus et de Marie,

APPROUVÉ PAR MONSEIGNEUR L'ÉVÊQUE DE LUÇON.

LUÇON,
BIDEAUX, IMPRIMEUR DE Mgr L'ÉVÊQUE.

—

1853.

C.

ALPHABET

CHRÉTIEN

A L'USAGE DES ÉCOLES

Tenues par les Religieuses de la Congrégation des Sacrés-Cœurs de Jésus et de Marie,

APPROUVÉ PAR MONSEIGNEUR L'ÉVÊQUE DE LUÇON.

LUÇON,

BIDEAUX, IMPRIMEUR DE MONSEIGNEUR L'ÉVÊQUE.

1853.

JACQUES-MARIE-JOSEPH,

PAR LA GRACE DE DIEU ET DU SAINT-SIÉGE APOSTOLIQUE,

Évêque de Luçon,

Vu le petit livre intitulé : ALPHABET CHRÉTIEN A L'USAGE DES ÉCOLES TENUES PAR LES RELIGIEUSES DE LA CONGRÉGATION DES SACRÉS CŒURS DE JÉSUS ET DE MARIE ;

L'avons approuvé et l'approuvons d'autant plus volontiers par les présentes, que cet opuscule réalise le vœu que formait Henri-Marie Boudon, dans la dernière moitié du XVIIe siècle : « Il serait à désirer, disait ce dévot personnage, que les enfants » apprissent à lire dans des livres de piété ; ce qui leur serait » un moyen de s'instruire en même temps de la crainte et de » l'amour de Dieu. C'est ce que l'on devrait beaucoup recom- » mander, particulièrement dans les écoles des campagnes, » parce que les enfants ayant appris à lire pourraient les soirs, » durant l'hiver, faire lecture de ces bons livres à toute la fa- » mille, pendant leur travail. » DU RESPECT DU A LA SAINTETÉ DES ÉGLISES. ch. III. p. 56.

Nous recommandons beaucoup ces pieuses pratiques, qui protesteront contre l'indifférence de notre époque.

Donné à Luçon, en notre palais épiscopal, sous notre seing et le sceau de nos armes, et sous le contre-seing de notre secrétaire, en la fête de S. Louis, 25 août 1853.

† JAC.-MAR.-JOS., Ev. de Luçon.

Par Mandem. de Monseigneur,

MORIN, ch. hon., secr.

†

Cette Croix indique à l'enfant chrétienne qu'elle doit en faire le signe sur elle avant de lire : tout nous vient par la Croix.

A B C D E F
G H I J K L M
N O P Q R S T
U V X Y Z.

a b c d e f g h
i j k l m n o p q
r s t u v x y z.

CARACTÈRES ITALIQUES.

a b c d e f g h
i j k l m n o p q
r s t u v x y z.

VOYELLES SIMPLES.

a e i o u y.

CONSONNES SIMPLES.

b c d f g h j k l m
n p q r s t v x z.

ba be bi bo bu
ca ce ci co cu
da de di do du
fa fe fi fo fu
ga ge gi go gu
ha he hi ho hu
ja je ji jo ju
ka ke ki ko ku
la le li lo lu
ma me mi mo mu

na	ne	ni	no	nu
pa	pe	pi	po	pu
qua	que	qui	quo	qu
ra	re	ri	ro	ru
sa	se	si	so	su
ta	te	ti	to	tu
va	ve	vi	vo	vu
xa	xe	xi	xo	xu
za	ze	zi	zo	zu

MONOSYLLABES.

An, air, ail, banc, bois, bourg, cour, coin, corps, dans, deux, dix, et, eau, est, foin, fils, four, gant, geai, grand, hors, haut, hier, if, il, io, jeu, jour, juin, kan, kent, loi, leur, lui, mur, mais, mail, nard, nous, non, oui, on, or, point, par, pied, quoi, quand, qui, roi, rang, roux, soin, six, sort, tant, trois, train, un, us, ut, vous, vingt, vue, yeux, yu, zain, zend.

DISSYLLABES.

An ge, â me, boî te, beau coup, com me, clas se, dé faut, di gne, es prit, es poir, fi xer, fai ble, gla ce, gout te, ha bit, ha ïr, î le, im- pie, jus te, ju ge, ki on, ki lo, li vre, lin ge, mê me, mè re, nei ge, naî tre, oi gnon, ob- long, pre mier, pè re, quoi que, qui ne, rè gne, rei ne, se cond, si gnal, trô ne, tré sor, u ser, u nir, va se, vais seau, Xys te, Xa vier, yo le, ya cou, zè le, zé phir.

TRISSYLLABES.

A pô tre, bé ni gne, cé na cle, doc tri ne, é-co le, fa mil le, gé né-reux, ha bi le, i gno-rant, ja lou sie, ki os-que, la va ge, mi nis-tre, nou veau té, ob te-nir, peu pla de, qui ni-

ne, roy au me, stu pi-
de, tra ver ser, u ni vers,
vé ri té, xé ra sie, ya ta-
gan, zo dia que.

SIGNES ORTHOGRAPHIQUES.

Accents : aigu.   grave.   circonflexe.   tréma.

PONCTUATION.

apostrophe. cédille. trait d'union. virgule. point et virgule.

deux-points. point. point interrogatif. point admiratif.

✝ **Au nom du Père et du Fils, et du Saint-Esprit. Ainsi soit-il.**

L'ORAISON DOMINICALE,

ou prière que Notre-Seigneur Jésus-Christ lui-même a composée et qu'il a apprise à ses Apôtres, qui nous l'ont transmise.

1. No tre Pè re, qui ê tes aux cieux, que vo tre nom soit sanc ti fié;
2. Que vo tre rè gne ar ri ve;
3. Que vo tre vo lon té soit fai te sur la ter re com me au ciel;
4. Don nez-nous au jour d'hui no tre pain de cha que jour;
5. Et par don nez-nous nos of fen ses, com me nous par don nons à ceux qui nous ont of fen sés;

6. Et ne nous lais sez pas suc com ber à la ten ta tion ;
7. Mais dé li vrez-nous du mal. Ain si soit-il.

LA SALUTATION ANGÉLIQUE.

La première partie de cette prière se compose des paroles de l'Ange Gabriel annonçant à la Sainte Vierge Marie le mystère de l'Incarnation, et de celles que lui adressa sainte Elisabeth, lorsqu'elle reçut sa visite. La seconde partie a été ajoutée par l'Eglise, pour nous faire implorer l'intercession de la Sainte Vierge, et surtout la grâce d'une bonne mort.

Je vous sa lue, Ma rie, plei ne de grâ ce, le Sei gneur est a vec vous : vous ê tes bé nie en tre tou tes les fem mes, et Jé sus, le fruit de vos en trail les, est bé ni.

Sain te Ma rie, Mè re de Dieu,

priez pour nous, pauvres pécheurs, maintenant et à l'heure de notre mort.

Ainsi soit-il.

LE SYMBOLE DES APOTRES,

ou profession de foi composée par les Apôtres, avant de se séparer pour aller prêcher l'Evangile de Jésus-Christ à tous les peuples.

1. Je crois en Dieu, le Père, tout-puissant, Créateur du ciel et de la terre;
2. Et en Jésus-Christ, son Fils unique, Notre Seigneur;
3. Qui a été conçu du Saint-Esprit, est né de la Vierge Marie;
4. A souffert sous Ponce Pilate, a été crucifié, est mort et a été enseveli;

5. Est des cen du aux en fers, le troi siè me jour est res sus ci té des morts;
6. Est mon té aux cieux, est as sis à la droi te de Dieu le Pè re tout-puis sant;
7. D'où il vien dra ju ger les vi vants et les morts.
8. Je crois au Saint-Es prit;
9. La sain te E gli se ca tho li que, la com mu nion des Saints;
10. La ré mis sion des pé chés;
11. La ré sur rec tion de la chair;
12. La vie é ter nel le.

    Ain si soit-il.

LA CONFESSION DES PÉCHÉS.

Je con fes se à Dieu tout-puissant, à la bien heu reu se Ma rie tou jours vier ge, à saint Mi chel Ar chan ge, à saint Jean-Bap tis te, aux A pô tres saint Pier re et saint Paul, à tous les Saints, (et à vous, mon Pè re,) que j'ai beau coup pé ché, par pensées, par pa ro les et par actions; c'est ma fau te, c'est ma fau te, c'est ma très-gran de fau te : c'est pour quoi je prie la bien heu reu se Marie tou jours vier ge, saint Mi chel Ar change, saint Jean-Bap tis te, les A-pô tres saint Pier re et saint Paul, tous les Saints, (et vous, mon Pè re,) de pri er pour moi le Sei gneur no tre Dieu.

Que le Dieu tout - puis sant

nous fas se mi sé ri cor de, qu'il nous par don ne nos pé chés, et nous con dui se à la vie é ter nel le. Ain si soit-il.

Que le Sei gneur tout-puis sant et mi sé ri cor di eux nous don ne in dul gen ce, ab so lu ti on et ré mis si on de nos pé chés.
Ain si soit-il.

ACTE DE FOI.

Mon Dieu, je crois fer me ment tout ce que la sain te É gli se Ca tho li que, A pos to li que et Ro mai ne m'or don ne de croi re, par ce que c'est vous qui le lui a vez ré vé lé, et que vous ê tes la vé ri té mê me.

ACTE D'ESPÉRANCE.

Mon Dieu, j'es pè re a vec u ne fer me con fi an ce que vous me don ne rez, par les mé ri tes de Jé sus-Christ, vo tre grâ ce en cet te vie, et vo tre gloi re dans l'au tre, si j'ob ser ve vos saints com man de ments et ceux de vo tre É gli se, par ce que vous l'a vez pro mis et que vous ê tes fi dè le dans vos pro mes ses.

ACTE DE CHARITÉ.

Mon Dieu, je vous ai me de tout mon cœur et par-des sus tou tes cho ses, par ce que vous ê tes in fi ni ment bon et in fi ni ment ai ma ble; j'ai me aus si mon pro chain com me moi-mê me pour l'a mour de vous.

ACTE DE CONTRITION.

Mon Dieu, je me re pens de tout mon cœur de vous a voir of fen sé, par ce que vous ê tes in fi ni ment bon, in fi ni ment ai ma ble, et que le pé ché vous dé plaît; je vous en de man- de très - hum ble ment par don, et je fais un fer me pro pos, moy en nant vo tre sain te grâ- ce, de fai re pé ni ten ce et de ne vous of fen ser ja mais.

ACTE D'ADORATION.

Mon Dieu, je vous a do re et vous re con nais pour le seul Dieu, pour le Cré a teur et le sou ve rain Sei gneur de tou tes cho ses.

LES COMMANDEMENTS DE DIEU.

1. Un seul Dieu tu adoreras,
    Et aimeras parfaitement.
2. Dieu en vain tu ne jureras,
    Ni autre chose pareillement.
3. Les Dimanches tu garderas,
    En servant Dieu dévotement.
4. Tes Père et Mère honoreras,
    Afin de vivre longuement.
5. Homicide ne commettras,
    De fait ni volontairement.
6. Luxurieux point ne seras,
    De corps ni de consentement.
7. Le bien d'autrui tu ne prendras,
    Ni retiendras injustement.
8. Faux témoignage ne diras,
    Ni mentiras aucunement.
9. L'œuvre de chair ne désireras,
    Qu'en mariage seulement.

10. Biens d'autrui ne convoiteras,
   Pour les avoir injustement.

LES COMMANDEMENTS DE L'ÉGLISE.

1. Les Dimanches, la Messe ouïras,
   Et les Fêtes de Commandement.
2. Ces mêmes jours sanctifieras,
   Sans travailler servilement.
3. Tous tes péchés confesseras,
   A tout le moins une fois l'an.
4. Ton Créateur tu recevras,
   Au moins à Pâques humblement.
5. Quatre-Temps, Vigiles, jeûneras,
   Et le Carême entièrement.
6. Vendredi, chair ne mangeras,
   Ni le samedi mêmement.

ANGELUS.

L'Ange du Seigneur annonça à

Marie ; et elle conçut par l'opération du Saint-Esprit.

Je vous salue, Marie, etc.

Voici la servante du Seigneur ; qu'il me soit fait selon votre parole.

Je vous salue, Marie, etc.

Et le Verbe s'est fait chair ; et il a habité parmi nous.

Je vous salue, Marie, etc.

℣. Priez pour nous, sainte Mère de Dieu :

℞. Afin que nous soyons faits dignes des promesses de Jésus-Christ.

PRIONS.

Seigneur, nous vous supplions de répandre votre grâce dans nos âmes, afin qu'ayant connu, par la voix de l'Ange, l'incarnation de votre Fils Jésus-Christ, nous arrivions, par sa passion et par sa croix, à la gloire de sa résurrection : Par le même Jésus-Christ Notre Seigneur. Ainsi soit-il.

Loué et remercié soit à chaque instant le très-saint et très-divin Sacrement !

O Marie, conçue sans péché, priez pour nous qui avons recours à vous.

PRIÈRE A L'ANGE GARDIEN.

Ange de Dieu, qui êtes mon fidèle gardien, et aux soins duquel j'ai été confié par la bonté suprême, daignez, durant ce jour (ou cette nuit), m'éclairer, me garder, me conduire et me gouverner. Ainsi soit-il.

PRIÈRE A SAINT JOSEPH.

O saint Joseph, apprenez-moi ce qu'il faut faire pour aimer Jésus et Marie comme vous sur la terre, et partager un jour votre bonheur au ciel. Ainsi soit-il.

PRIÈRE AVANT LE REPAS.

Que Notre Seigneur Jésus-Christ nous donne, s'il lui plaît, ainsi qu'à la nourriture que nous allons prendre, sa sainte bénédiction. † *Au nom du Père, et du Fils, et du Saint-Esprit. Ainsi soit-il.*

PRIÈRE APRÈS LE REPAS.

Nous vous rendons grâces de tous vos bienfaits, ô Dieu tout-puissant, qui vivez et régnez dans les siècles des siècles. Ainsi soit-il.

Louange à Dieu, paix aux vivants, repos aux trépassés. Et vous, Seigneur, ayez pitié de nous. Grâces à Dieu. † *Au nom du Père, etc.*

OFFRANDE DU TRAVAIL.

Mon Dieu, je vous offre ce que je vais faire: donnez-y, s'il vous plaît, votre sainte bénédiction.

CANTIQUE.

AU SACRÉ COEUR DE JÉSUS.

Avant de quitter notre maître,
Jetons-nous dans ce divin cœur :
C'est là que nous pourrons nous promettre
De trouver la paix et le bonheur.
    Avant de quitter, etc.

A LA SAINTE VIERGE MARIE.

Marie, ô douce et tendre Mère !
Recevez aussi nos adieux :
Ah ! conjurez Jésus et son Père
De nous placer un jour dans les cieux.

Avant de quitter, etc.

A SAINT JOSEPH.

Saint Joseph, époux de Marie,
Soyez touché de notre sort :
Guidez nos pas durant cette vie,
Protégez-nous surtout à la mort.

Avant de quitter, etc.

AUX SAINTS ANGES GARDIENS.

Loin de Jésus, loin de sa Mère,
Hélas ! nous sommes orphelins :
Ayez pitié de notre misère,
Veillez sur nous, Saints Anges Gardiens.

Avant de quitter, etc.

NOTIONS DIVERSES

MISES A LA PORTÉE DE L'ENFANCE.

SENS EXTÉRIEURS.

Nous avons cinq sens : l'œil ou la vue ; l'oreille ou l'ouïe ; le nez ou l'odorat ; la langue et le palais ou le goût ; la main et le pied, organes principaux du toucher, qui est répandu par tout le corps.

La main est composée de cinq doigts : le pouce, l'index *(indicateur)*, le majeur *(le plus grand)*, l'annulaire *(qui porte l'anneau)*, l'auriculaire *(qui nettoie l'oreille)*.

PREMIÈRES CONNAISSANCES DE LA NUMÉRATION.

Nombres écrits.	Chiffres arabes.	Chiffres romains.
Un	1	I.
Deux	2	II.
Trois	3	III.

Quatre	4	IV.
Cinq	5	V.
Six	6	VI.
Sept	7	VII.
Huit	8	VIII.
Neuf	9	IX.
Dix	10	X.
Onze	11	XI.
Douze	12	XII.
Treize	13	XIII.
Quatorze	14	XIV.
Quinze	15	XV.
Seize	16	XVI.
Dix-sept	17	XVII.
Dix-huit	18	XVIII.
Dix-neuf	19	XIX.
Vingt	20	XX.
Vingt-un	21	XXI.

Vingt-deux	22	XXII.
Vingt-trois	23	XXIII.
Vingt-quatre	24	XXIV.
Vingt-cinq	25	XXV.
Vingt-six	26	XXVI.
Vingt-sept	27	XXVII.
Vingt-huit	28	XXVIII.
Vingt-neuf	29	XXIX.
Trente	30	XXX.
Quarante	40	XL.
Cinquante	50	L.
Soixante	60	LX.
Soixante-dix	70	LXX.
Quatre-vingts	80	LXXX.
Quatre-vingt-dix	90	XC.
Cent	100	C.
Cinq cents	500	D.
Mille	1000	M.

DU TEMPS.

L'année est un certain laps de temps. Elle se divise en saisons, mois, semaines, jours, heures, etc.

Il y a quatre saisons : Le *Printemps*, l'*Été*, l'*Automne* et l'*Hiver*.

Douze mois, dont voici les noms.

Janvier, Février, Mars, Avril, Mai, Juin, Juillet, Août, Septembre, Octobre, Novembre, Décembre.

Il y a dans l'année cinquante-deux semaines.

La semaine se compose de sept jours, ainsi nommés :

Dimanche, Lundi, Mardi, Mercredi, Jeudi, Vendredi, Samedi.

Il y a vingt-quatre heures dans un jour, soixante minutes dans une heure, soixante secondes dans une minute.

Il y a dans l'année trois cent soixante-cinq jours, cinq heures, quarante-neuf minutes. — Un siècle contient cent ans.

DES ÉLÉMENTS ; DES CINQ PARTIES DU MONDE ; LA FRANCE ET LA VENDÉE.

Il y a quatre éléments : l'eau, le feu, la terre et l'air.

La terre se divise en cinq parties : l'Europe, l'Asie, l'Afrique, l'Amérique et l'Océanie.

La France est une des dix-neuf contrées de l'Europe.

La Vendée, pays que nous habitons, est un des quatre-vingt-six départements qui composent la France.

Ses limites sont aussi celles du diocèse de Luçon, qui appartient à la province ecclésiastique de Bordeaux, et renferme deux cent quatre-vingt-une paroisses.

Le département de la Vendée contient trois arrondissements : Napoléon, Fontenay-le-Comte, les Sables-d'Olonne.

Trente cantons, dont dix dans l'arrondissement de Napoléon :

Napoléon-Vendée, Chantonnay, Les Essarts, Saint Fulgent, Les Herbiers, Mareuil, Montaigu, Mortagne-sur-Sèvre, le Poiré-sous-Napoléon, Rocheservière.

Neuf dans celui de Fontenay-le-Comte : Fontenay-le-Comte, Chaillé-les-Marais, La Châtaigneraye, l'Hermenault, Sainte Hermine, Saint Hilaire-des-Loges, Luçon, Maillezais, Pouzauges.

Onze dans celui des Sables-d'Olonne : Les Sables-d'Olonne, Beauvoir-sur-Mer, Challans, Saint Gilles-sur-Vie, l'Ile-Dieu, Saint Jean-de-Monts, La Mothe-Achard, Les Moutiers-les-Mauxfaits, Noirmoutier, Palluau, Talmont.

Deux cent quatre-vingt-quinze communes.

POPULATION GÉNÉRALE DE LA VENDÉE.

Trois cent quatre-vingt-trois mille neuf cent trois habitants.

AVIS
A L'ENFANCE CHRÉTIENNE.

1. Le matin, en vous levant, faites le signe de la croix, et dites respectueusement : *Jésus, Marie, Joseph, je vous donne mon cœur, mon esprit et ma vie.* Habillez-vous promptement et modestement. Puis mettez-vous à genoux, et récitez avec dévotion la prière du matin. Ensuite souhaitez le bonjour à vos père et mère et aux autres personnes de la maison à qui vous devez le respect.

2. Avant chaque repas, dites le *benedicite*; et après avoir pris la nourriture que le bon Dieu vous a donnée, dites les *grâces*.

3. Tous les jours, si vous le pouvez, entendez dévotement la sainte Messe; vous unissant à Jésus enfant s'offrant à Dieu son Père pour le salut du monde.

4. Quand vous entendez sonner l'*Angelus*, récitez-le, remerciant Dieu du mystère de l'Incarnation et des bienfaits sans nombre qu'il

procure chaque jour à nos âmes. Priez Marie, votre bonne Mère, de vous faire participer à son angélique pureté.

5. Au commencement de votre travail, offrez-le au Seigneur par cette courte prière : *Mon Dieu, je vous offre ce que je vais faire; donnez-y, s'il vous plaît, votre sainte bénédiction.*

Fuyez la paresse; car l'oisiveté est la mère de tous les vices.

6. Quand vous passez devant une croix, ou quelque image de Notre-Seigneur et de la sainte Vierge, faites une inclination respectueuse, ou le signe de la croix.

7. Gardez-vous bien de vous mettre en colère, de dire des paroles grossières, et de faire aucune action déshonnête.

8. N'allez point avec les enfants vicieuses et méchantes; car elles pourraient vous nuire pour le corps et pour l'âme.

9. Ne vous permettez jamais de dérober ou voler aucune chose, ni chez vous, ni ailleurs; parce que c'est offenser Dieu, se rendre méprisable à tout le monde, et prendre le chemin d'une fin honteuse.

10. Ne faites aucun mensonge, quelque léger qu'il soit ; car le Seigneur a les lèvres trompeuses en abomination. Les menteurs ne sont pas crus, lors même qu'ils disent la vérité.

11. Habituez-vous dès l'enfance à supporter patiemment les défauts du prochain. Ne rapportez jamais sans nécessité ce qui peut faire de la peine à vos compagnes. C'est un moyen de se faire aimer de Dieu et de ceux avec qui nous vivons.

12. Si quelqu'un dit ou fait en votre présence quelque chose qui soit mal à propos et indigne d'un bon chrétien, témoignez par quelque signe la peine que vous en ressentez.

13. Si l'on vous commandait de dire quelque parole ou de faire quelque action mauvaise, répondez que vous ne le pouvez pas, parce que Dieu le défend.

14. Lorsque les personnes qui ont autorité sur vous vous commandent ou vous témoignent le désir que vous fassiez quelque chose, obéissez-leur volontiers et promptement, si vous le pouvez, sans déplaire au bon Dieu.

15. Ne sortez point de votre maison sans en demander et sans en avoir obtenu la permission.

16. Quand une personne bienveillante vous reprend, ou vous donne quelque avertissement, remerciez-la avec humilité.

17. Lorsque vous aurez affaire à quelqu'un au-dessus de vous, qui sera occupé, présentez-vous avec respect, et attendez que l'on ait le loisir de vous parler.

18. Lorsqu'on vous donnera quelque chose, recevez-le avec respect, et remerciez celui ou celle qui vous l'aura donné.

19. Quand vous parlez avec des personnes de considération, placez à propos et poliment, les qualifications : *Monsieur* ou *Madame*, etc.

20. Allez au-devant de ceux qui viennent vous faire visite, pour les saluer et leur offrir des siéges.

21. Quand vous entrez chez vous, ou dans quelque autre maison, saluez ceux que vous y trouvez.

22. Lorsque vous rencontrez quelque personne de votre connaissance, prévenez-la par un salut, parce que c'est un devoir de politesse et d'humilité.

23. Ne regardez point fixement les person-

nes à qui vous devez du respect ; cela est contraire à la modestie chrétienne et à la bonne éducation.

24. Ayez soin, tous les jours, de vous nettoyer le visage. Ne salissez point vos vêtements. N'ayez point vos cheveux en désordre. Une enfant qui aime la propreté donne bonne opinion d'elle ; on l'affectionne même avant de la connaître.

26. Quand vous voudrez manger, lavez-vous les mains, et ne vous asseyez point à table avant les personnes au-dessus de vous.

26. Gardez-vous bien, à table ou ailleurs, de demander, de prendre et de soustraire, en cachette ou autrement, ce qu'on aura servi ; vous ne devez même pas le regarder avec envie.

27. Mangez et buvez doucement et honnêtement, sans avidité et sans excès.

28. A la fin de chaque repas pris en compagnie, saluez respectueusement, au sortir de table, les personnes avec lesquelles vous l'avez pris, et remerciez celles qui vous avaient invitée.

29. Ne tutoyez personne, pas même les serviteurs, les servantes et les pauvres.

30. Lorsque les pauvres demandent à votre porte, priez votre père ou votre mère de leur faire l'aumône pour l'amour de Dieu; faites-la-leur vous-même, lorsque vous le pouvez.

31. Quand vous aurez emprunté une chose, rendez-la au plus tôt, et n'attendez pas qu'on vous la demande.

32. Soyez toujours prête à vous rendre à l'école, aux heures indiquées; apprenez soigneusement les choses que vos *(maîtres ou)* maîtresses vous enseignent; soyez-leur bien obéissantes et respectueuses.

33. Retournez de l'école à la maison sans vous arrêter par les rues, sans courir, crier ni offenser personne. Au contraire, si l'on vous injurie et offense, endurez-le pour l'amour de Notre-Seigneur, et dites en vous-même : Que Dieu vous donne la grâce de vous repentir de votre faute, et vous pardonne comme je le fais.

34. Enfin, tous vos principaux soins, pendant que vous vivez ici-bas, doivent tendre à vous rendre agréable à Dieu par l'observation de sa loi sainte, et utile au prochain par une

éducation vraiment chrétienne et l'acquisition des connaissances pratiques nécessaires aux relations de la vie sociale. Une telle conduite vous méritera la paix avec vous-même, l'estime des gens de bien, et surtout la possession de Dieu durant toute l'éternité.

ABRÉGÉ

de ce qu'il faut savoir, croire et pratiquer pour être sauvé.

Dieu est un esprit infiniment parfait, Créateur du ciel et de la terre, et souverain Seigneur de toutes choses.

Dieu est Créateur, c'est-à-dire, qu'il a tout fait de rien.

Il n'y a qu'un seul Dieu en trois personnes égales et réellement distinctes l'une de l'autre : la première se nomme le Père, la seconde le Fils, la troisième le Saint-Esprit. Le Père est Dieu, le Fils est Dieu, le Saint-Esprit est Dieu; néanmoins ces trois personnes ne sont pas trois Dieu, mais un seul et même Dieu en trois personnes, parce qu'elles n'ont qu'une seule et même nature et une même divinité. C'est ce que nous appelons le mystère de la Sainte Trinité.

Le premier homme, appelé Adam, et la première femme, appelée Ève, furent faits à l'image et ressemblance de Dieu, et placés, après leur création, dans un jardin délicieux nommé le Paradis terrestre. Le démon, jaloux de leur état d'innocence, les tenta; ils eurent le malheur de désobéir à Dieu, et, par un juste jugement, leur péché devint celui de tous les hommes, qui naissent souillés de cette tache originelle.

Ils méritèrent pour eux et tous leurs descendants les peines de la vie, la mort et la damnation éternelle. Dieu, dans sa grande miséricorde, n'abandonna point nos premiers parents après leur chute : il leur promit un libérateur.

Quatre mille ans après la création, le Fils de Dieu, seconde personne de la Sainte Trinité, s'est fait homme en prenant un corps et une âme semblables aux nôtres. Le Fils de Dieu fait homme s'appelle Jésus-Christ; il est vrai Dieu et vrai homme tout ensemble. Il a été conçu, il y a dix-huit cents et quelques années, par l'opération du Saint-Esprit, dans le sein de la bienheureuse Vierge Marie. L'Église en fait la fête le 25 mars. C'est ce que nous appelons le mystère de l'Incarnation.

Ce divin Sauveur est venu au monde à Bethléem, dans une étable, la nuit de Noël, à minuit, le 25 décembre. Il a vécu sur la terre 33 ans et quelques mois, dans la pratique de toutes les vertus. Il a enseigné l'Evangile, fait un très-grand nombre de miracles pour prouver sa divinité ; et toutes les prophéties par lesquelles Dieu l'avait annoncé aux hommes se sont accomplies à la lettre dans sa personne.

Jésus-Christ est mort comme homme, et non comme Dieu, le Vendredi-Saint, sur une croix, et cela pour nos péchés. C'est ce que nous appelons le mystère de la Rédemption.

Il s'est ressuscité lui-même, le troisième jour après sa mort ; c'est le jour de Pâques.

Le jour de l'Ascension, quarante jours après sa résurrection, il est monté au ciel, accompagné des justes qui étaient dans les limbes, et qui attendaient sa venue pour jouir du bonheur qu'ils avaient mérité.

Dix jours après son entrée dans le ciel, le jour de la Pentecôte, il a envoyé le Saint-Esprit à ses apôtres et aux autres disciples qui se trouvaient dans le cénacle, où tous avaient persévéré dans la retraite et la prière depuis leur séparation d'avec Jésus-Christ.

Notre-Seigneur viendra visiblement sur la terre à la fin du monde, juger tous les hommes. Alors chacun d'eux ressuscitera. Nous comparaîtrons tous ensemble devant son tribunal, pour entendre la sentence de vie ou de mort qui sera prononcée par lui-même.

Outre ce jugement général, il y a le jugement particulier. Aussitôt que l'âme est séparée du corps, elle paraît devant Dieu pour être jugée selon ses œuvres. Les justes, c'est-à-dire, ceux qui meurent sans péché mortel, iront dans le paradis, pour y être éternellement heureux; et les méchants, c'est-à-dire, ceux qui meurent en péché mortel, iront dans l'enfer, pour y brûler éternellement.

Les âmes de ceux qui meurent sans péché

mortel, mais qui n'ont pas entièrement satisfait à la justice de Dieu, iront, pour un certain temps, dans le purgatoire. Elles peuvent y être soulagées par nos prières et nos bonnes œuvres, par les indulgences, et surtout par le saint Sacrifice de la Messe.

Les principales vérités que tout chrétien doit croire sont contenues dans le Symbole des Apotres. Nous devons les croire fermement, parce que Dieu les a révélées, qu'il est la vérité même, et qu'elles sont enseignées par l'Eglise, qui est infaillible, gouvernée invisiblement par Jésus-Christ, lequel assure qu'il sera avec elle tous les jours jusqu'à la consommation des siècles, et visiblement par Notre Saint-Père le Pape, son Vicaire.

Pour se sauver, il ne suffit pas de croire fermement toutes ces vérités; mais encore il faut vivre chrétiennement, observer les commandements de Dieu, qui sont au nombre de dix, et ceux de l'Eglise, qui sont au nombre de six, lesquels nous ordonnent, en général, de fuir le péché et de pratiquer la vertu.

Le péché est une désobéissance à la loi de Dieu. Il y a deux sortes de péché, savoir : le péché originel et le péché actuel. Le péché originel est celui dont nous nous trouvons coupables en venant au monde. Le péché actuel, c'est-à-dire, celui que nous commettons nous-mêmes, se divise en péché mortel et en péché véniel. Le péché mortel est celui qui nous fait perdre la grâce de Dieu, et nous rend dignes de l'enfer. Le péché véniel est celui qui ne nous fait pas perdre la grâce, mais qui l'affaiblit en nous, et nous rend dignes de peines temporelles.

On appelle vertus chrétiennes des inclinations saintes qui nous portent à faire le bien et à nous abstenir du mal.

Les principales vertus sont les trois théologales ou divines, c'est-à-dire, qui ont Dieu pour objet principal et immédiat : ce sont la Foi, l'Espérance et la Charité.

La Foi est une vertu surnaturelle par laquelle nous croyons fermement tout ce que l'Eglise nous ordonne de croire, parce que Dieu, qui l'a révélé, est la vérité même.

L'Espérance est une vertu surnaturelle par laquelle nous attendons avec une ferme confiance, en vertu des mérites de Jésus-Christ, la vie éternelle et les grâces pour y arriver.

La Charité est une vertu surnaturelle par laquelle nous aimons Dieu pour lui-même, plus que toutes choses, et notre prochain comme nous-mêmes pour l'amour de Dieu.

Tout chrétien est obligé de faire souvent des actes de Foi, d'Espérance et de Charité ; mais surtout lorsqu'il est en danger de mort, ou tenté contre ces vertus.

Les enfants doivent s'accoutumer de bonne heure à produire ces actes, principalement celui d'amour de Dieu.

Mais pour observer les commandements de Dieu et de l'Eglise, éviter le péché et pratiquer la vertu, nous avons absolument besoin de la grâce du Seigneur, qui nous est donnée ordinairement par le moyen des Sacrements et de la prière.

Jésus-Christ a institué les sacrements pour nous donner sa grâce, en nous appliquant les mérites de ses souffrances et de sa mort. Ils sont au nombre de sept, savoir : le Baptême, la Confirmation, l'Eucharistie, la Pénitence, l'Extrême-Onction, l'Ordre et le Mariage.

Le Baptême est un sacrement qui efface le péché originel, et qui nous fait chrétiens, enfants de Dieu et de l'Eglise. Il efface aussi les péchés actuels qu'on aurait commis avant de le recevoir, pourvu qu'on en ait la contrition. Celui qui est baptisé promet de croire tout ce qui est enseigné par l'Eglise, de renoncer au démon, à ses œuvres et à ses pompes, et de vivre en fidèle chrétien. Il est absolument nécessaire d'être baptisé pour être sauvé.

Néanmoins, le Baptême peut être suppléé par le martyre, ou par un acte de charité parfaite, joint au désir d'être baptisé le plus tôt possible.

Toute personne peut, dans la nécessité, administrer le Baptême.

Pour bien baptiser, il faut, avec l'intention de faire ce que fait l'Eglise, verser de l'eau naturelle sur la tête de la personne que l'on baptise, en disant en même temps et sans faire sur soi le signe de la croix : *Je te baptise, au nom du Père, et du Fils, et du Saint-Esprit. Ainsi soit-il.*

Il faut que ce soit la même personne qui prononce les paroles et qui verse l'eau, et que cet élément touche immédiatement le baptisé ; autrement le Baptême serait nul.

On ne peut recevoir ce sacrement qu'une seule fois, parce qu'il imprime en l'âme de tous ceux qui le reçoivent un *caractère*, ou marque spirituelle, qui ne s'effacera jamais. Il en est ainsi des sacrements de Confirmation et d'Ordre.

La Confirmation est un sacrement qui nous rend parfaits chrétiens, en nous donnant le Saint-Esprit et la force de confesser la foi que nous avons reçue au Baptême.

Les dispositions essentielles à ce sacrement sont 1° d'être bien instruit des principaux mystères de la Foi ; 2° d'être en état de grâce.

L'Eucharistie, le plus auguste des sacrements, contient véritablement, réellement et substantiellement le corps, le sang, l'âme et la divinité de Notre-Seigneur Jésus-Christ, sous les espèces ou apparences du pain et du vin.

C'est au saint Sacrifice de la Messe que le Prêtre, par la vertu des paroles de la Consécration, qu'il prononce au nom de Jésus-Christ, change la substance du pain et du vin au corps et au sang de Notre-Seigneur Jésus-Christ. Ainsi, lorsqu'on communie, c'est véritablement Notre-Siegneur qu'on reçoit, et non du pain et du vin, dont il ne reste plus que les apparences. Lorsque le Saint-Sacrement est exposé sur l'autel, ou lorsqu'il est dans le Tabernacle, c'est Jésus-Christ réellement présent qu'on adore, et non son image, ni sa figure, comme sur un crucifix, par exemple.

Il faut qu'une foi vive et un amour ardent

nous animent envers ce divin Sauveur qui a bien voulu rester au milieu de nous, pour être la nourriture spirituelle de notre âme, notre force, notre consolation, notre tout.

Pour bien communier, il faut être instruit sur la religion, être en état de grâce et avoir une grande dévotion.

Il faut être à jeun, si ce n'est lorsqu'on communie en viatique.

La Pénitence est un sacrement qui remet les péchés commis après le Baptême.

Pour recevoir avec fruit le sacrement de Pénitence, il faut faire cinq choses : 1° examiner sa conscience ; 2° avoir la contrition de ses péchés, contrition qu'on doit demander très-instamment à Dieu ; 3° faire un ferme propos de ne plus offenser Dieu ; 4° confesser tous ses péchés à un Prêtre approuvé, sans en cacher un seul ; car si nous cachions volontairement un seul péché mortel, avec l'intention de recevoir l'absolution en cet état, nous ferions un sacrilége ; 5° satisfaire à Dieu et au prochain, c'est-à-dire, avoir la volonté sincère de réparer l'injure faite à Dieu et au prochain, et accepter la pénitence imposée par le Prêtre, et les afflictions que Dieu nous envoie.

L'Extrême-Onction est un sacrement institué pour soulager spirituellement et corporellement les malades, et pour les aider à bien mourir. Elle efface le reste de leurs péchés, leur donne des forces pour supporter avec patience les douleurs de la maladie, et leur rend la santé, si Dieu le juge utile à leur salut.

Pour recevoir avec fruit l'Extrême-Onction, il faut 1° se mettre en état de grâce ; 2° s'exciter à une grande confiance en la miséricorde de Dieu ; 3° avoir une entière résignation à sa sainte volonté.

L'Ordre est un sacrement qui donne le pouvoir de remplir les fonctions ecclésiastiques et la grâce de les exercer saintement.

Le Mariage est un sacrement qui sanctifie l'alliance de l'homme et de la femme, et qui leur donne la grâce de vivre dans une sainte union, et d'élever leurs enfants dans l'amour et la crainte de Dieu.

La prière est une élévation de notre cœur à Dieu, pour lui rendre hommage et lui demander ses grâces. Sans la prière il nous est impossible de faire notre salut.

FIN.

Luçon, Typ. Bideaux.

AVE, MARIA PURISSIMA.

www.ingramcontent.com/pod-product-compliance
Lightning Source LLC
LaVergne TN
LVHW022204080426
835511LV00008B/1563